A BIBLIOTECA ESCOLAR

Temas para uma prática pedagógica

Bernadete Campello
Márcia Milton Vianna
Maria da Conceição Carvalho
Maria Eugênia Albino Andrade
Paulo da Terra Caldeira
Vera Lúcia Furst Gonçalves Abreu

A BIBLIOTECA ESCOLAR

Temas para uma prática pedagógica

2ª edição
4ª reimpressão

autêntica

Copyright © 2002 Os autores
Copyright © 2012 Autêntica Editora

Todos os direitos reservados pela Autêntica Editora. Nenhuma parte desta publicação poderá ser reproduzida, seja por meios mecânicos, eletrônicos, seja via cópia xerográfica, sem a autorização prévia da Editora.

EDITORA RESPONSÁVEL
Rejane Dias

CAPA
Mirella Spinelli

REVISÃO
Erick Ramalho

DIAGRAMAÇÃO
Waldênia Alvarenga

B582 A Biblioteca escolar : temas para uma prática pedagógica / Campello, Bernadete Santos et al. 2. ed., 4 reimp. – Belo Horizonte: Autêntica Editora, 2016.

  64 p. – (Biblioteca escolar, 1)

  ISBN 978-85-7526-049-4

  1. Biblioteca Escolar I. Título

  CDU 027.8

Belo Horizonte
Rua Carlos Turner, 420
Silveira . 31140-520
Belo Horizonte . MG
Tel.: (55 31) 3465-4500

Rio de Janeiro
Rua Debret, 23, sala 401
Centro . 20030-080
Rio de Janeiro . RJ
Tel.: (55 21) 3179 1975

São Paulo
Av. Paulista, 2.073,
Conjunto Nacional, Horsa I
23º andar . Conj. 2301 .
Cerqueira César . 01311-940
São Paulo . SP
Tel.: (55 11) 3034 4468

www.grupoautentica.com.br

Sumário

Apresentação.. 07

**A competência informacional na
educação para o século XXI**
Bernadete Campello.. 09

A biblioteca faz a diferença
Maria Eugênia Albino Andrade................................ 13

Biblioteca e Parâmetros Curriculares Nacionais
Bernadete Campello.. 17

Escola, biblioteca e leitura
Maria da Conceição Carvalho................................... 21

Pesquisa escolar
Vera Lúcia Furst Gonçalves Abreu............................ 25

A coleção da biblioteca escolar
Vera Lúcia Furst Gonçalves Abreu............................ 29

Internet e pesquisa escolar
Maria da Conceição Carvalho................................... 33

A internet na biblioteca escolar
Márcia Milton Vianna... 37

A organização da coleção
Márcia Milton Vianna... 43

O espaço físico da biblioteca
Paulo da Terra Caldeira 47

Biblioteca escolar e acervo de classe
Paulo da Terra Caldeira 51

Biblioteca e educação infantil
Maria Eugênia Albino Andrade 55

Os autores 61

Apresentação

Desde sua criação em 1998, o Grupo de Estudos em Biblioteca Escolar da Escola de Ciência da Informação da UFMG tem se debruçado preferencialmente sobre temáticas ligadas à função educativa da biblioteca, procurando uma melhor compreensão do potencial dessa instituição como espaço de ação pedagógica.

De fato, numa sociedade letrada, caracterizada por abundância de informações, fica evidente a necessidade de preparar crianças e jovens para serem usuários competentes da escrita, capazes de selecionar e interpretar criticamente as informações. A biblioteca escolar, mais do que um estoque de conhecimentos, pode constituir-se em um espaço adequado para desenvolver nos alunos o melhor entendimento do complexo ambiente informacional da sociedade contemporânea. A fim de contribuir para essa tarefa, o Grupo de Estudos em Biblioteca Escolar desenvolveu, com base no trabalho da pesquisadora norte-americana Carol Kuhlthau, um programa de aprendizagem, consolidado no livro *Como usar a biblioteca na escola*,* que visa a desenvolver nas crianças, de forma

---

* O programa foi traduzido e adaptado para o português por pesquisadores do Grupo de Estudos em Biblioteca Escolar e publicado pela Autêntica Editora, em maio de 2002, com o título *Como usar a biblioteca na escola*: um programa de atividades para o ensino fundamental.

gradual, desde o início de sua escolarização, habilidades para localizar, selecionar e interpretar informação.

A coletânea que aqui apresentamos reúne ideias e percepções do Grupo sobre vários outros aspectos que interessam àqueles que lidam diretamente com a biblioteca escolar, sejam bibliotecários ou professores. Interessa também a profissionais da educação preocupados em encontrar recursos didáticos que possam embasar o processo de aprendizagem de forma mais efetiva.

Os textos são de autoria de professores da Escola de Ciência da Informação da UFMG que participam do Grupo de Estudos em Biblioteca Escolar.

Um dos princípios que direcionam a ação desse grupo é o diálogo constante com os profissionais que atuam nas bibliotecas escolares. Assim, o lançamento desta coletânea pressupõe o debate – que esperamos ocorra de fato – das ideias aqui contidas, razão pela qual incluímos os endereços eletrônicos dos autores. Todas as manifestações são bem-vindas.

Bernadete Campello
Coordenadora do Grupo
de Estudos em Biblioteca Escolar

A competência informacional na educação para o século XXI

Bernadete Campello
campello@eci.ufmg.br

A fim de se prepararem para viver numa sociedade caracterizada por mudanças e contradições, as crianças e os jovens de hoje precisam aprender a pensar de forma lógica e criativa, a solucionar problemas, a usar informações e comunicar-se efetivamente. As correntes pedagógicas construtivistas, segundo as quais o aluno aprende a partir de suas experiências e construindo ele próprio seu conhecimento, privilegiam a aprendizagem baseada no questionamento e utilizam estratégias didáticas adequadas à preparação da pessoa para viver na chamada sociedade da informação.

Caracterizada por uma abundância informacional nunca vista antes, essa sociedade vai exigir que os indivíduos desenvolvam habilidades específicas para lidar com a informação. Esse conjunto de habilidades está sendo chamado de "competência informacional", expressão traduzida de *information literacy,* que apareceu nos Estados Unidos na década de 70 e foi usada originalmente para designar habilidades para lidar com a tecnologia da informação, isto é, com computadores e redes eletrônicas. Atualmente, o termo designa, de forma ampla, o conjunto de habilidades necessárias para localizar, interpretar, analisar, sintetizar, avaliar e comunicar informação, esteja ela em fontes impressas ou eletrônicas. Embora não se tenha utilizado aqui o termo *letramento* na tradução para o português, que seria o equivalente a *literacy*, pode-se dizer que a competência informacional constitui uma forma de letramento, na perspectiva hoje aceita no Brasil, que pressupõe que "quem aprende a ler e a escrever e passa a usar a leitura e a escrita, a envolver-se em práticas de leitura e de escrita, torna-se uma pessoa diferente, adquire um outro estado, uma outra condição" (SOARES, 2001, p. 36). Assim, a competência informacional se insere na questão do letramento, na medida em que pressupõe uma condição que caracteriza a pessoa que faz uso frequente e competente da informação. Naquele país, muitos educadores e escolas já estão comprometidos com a implantação de programas destinados a desenvolver nos alunos, desde as primeiras séries do ensino fundamental, essa competência informacional e a classe bibliotecária, em especial, tem procurado mostrar o papel da biblioteca escolar nesses programas.

Competência informacional combina com o ensino no qual o professor não é o transmissor de conhecimentos e, sim, o orientador que capta os interesses dos alunos, estimula seus questionamentos e os guia na busca de soluções. Combina com projetos interdisciplinares que permitam aos alunos examinar um assunto sob diferentes ângulos. Combina, especialmente, com disponibilização de abundantes recursos informacionais, nos mais diferentes formatos (materiais impressos de vários tipos, recursos audiovisuais e eletrônicos, tais como CD-ROMs e internet), em espaços onde o aluno tenha oportunidade de usá-los para localizar e selecionar informação. Exige o abandono da predominância de aulas expositivas, em que o professor é o único informante da classe e o livro didático a única fonte de informação.

A biblioteca escolar é, sem dúvida, o espaço por excelência para promover experiências criativas de uso de informação. Ao reproduzir o ambiente informacional da sociedade contemporânea, a biblioteca pode, através de seu programa, aproximar o aluno de uma realidade que ele vai vivenciar no seu dia a dia, como profissional e como cidadão. A escola não pode mais contentar-se em ser apenas transmissora de conhecimentos que, provavelmente, estarão defasados antes mesmo que o aluno termine sua educação formal; tem de promover oportunidades de aprendizagem que deem ao estudante condições de aprender a aprender, permitindo-lhe educar-se durante a vida inteira. E a biblioteca está presente nesse processo. Trabalhando em conjunto, professores e bibliotecários planejarão situações de aprendizagem que desafiem e motivem os alunos, acompanhando seus progressos, orientando-os e guiando-os no desenvolvimento de competências informacionais cada vez mais sofisticadas.

Educar é uma tarefa complexa. Exige que todos os recursos e conhecimentos sejam mobilizados para se atingirem objetivos e metas definidas. Ao assumir seu papel pedagógico, a biblioteca pode participar de forma criativa do esforço de preparar o cidadão do século XXI. A questão que se coloca para os bibliotecários é a seguinte: o conceito de competência informacional pode ajudar nesta tarefa?

Referências

AMERICAN ASSOCIATION OF SCHOOL LIBRARIANS; ASSOCIATION FOR EDUCATIONAL COMMUNICATIONS AND TECHNOLOGY. *Information power*: building partnerships for learning. Chicago: ALA, 1998.

SOARES, Magda. *Letramento: um tema em três gêneros*. 2. ed. Belo Horizonte: Autêntica, 2001.

A biblioteca faz a diferença

Maria Eugênia Albino Andrade
eugeniaandrade@eci.ufmg.br

Educadores – professores e bibliotecários – que acreditam na biblioteca como recurso pedagógico eficiente contam agora com evidências concretas para mostrar que a biblioteca escolar pode fazer diferença na educação de crianças e jovens.

Pesquisa realizada pela Universidade de Denver, nos Estados Unidos, mostrou que estudantes de escolas que mantêm bons programas de bibliotecas aprendem mais e obtêm melhores resultados em testes padronizados do que alunos de escolas com bibliotecas deficientes. A pesquisa foi feita em várias escolas de diversos estados do país e os resultados obtidos apontam outros caminhos para educadores que lutam pela melhoria da aprendizagem. Aumento do tempo das crianças na escola, diminuição do número de alunos por classe, implantação de recursos de informática (computadores, ligação com a internet), avaliações mais frequentes e outros recursos utilizados para melhoria da aprendizagem mostraram ter influência positiva mais generalizada, nos resultados dos estudos dos estudantes. Entretanto, a influência da biblioteca apresentou-se de forma clara e consistente: um bom programa de biblioteca, contando com profissional especializado, equipe de apoio treinada, acervo atualizado e constituído por diversos tipos de materiais informacionais, computadores conectados em rede e interligando os recursos da biblioteca às salas de aula e aos laboratórios resultou no melhor aproveitamento escolar dos estudantes, independentemente das características sociais e econômicas da comunidade onde a escola estivesse localizada.

As conclusões do estudo feito nos estados do Alasca, da Pensilvânia e do Colorado demonstraram que alunos que obtiveram melhores resultados eram oriundos de escolas cujas bibliotecas contavam com bibliotecário em horário integral (35 a 40 horas por semana), equipe que desenvolvia programa de ensino de uso da biblioteca e de outras fontes de informação, planejava atividades em conjunto com o corpo docente e fornecia treinamento para professores. Essas bibliotecas mantinham horário de funcionamento mais longo, cultivavam relacionamento com a biblioteca pública e ofereciam acesso à internet. Além disso, preocupavam-se em estabelecer políticas de desenvolvimento de coleções que direcionassem adequadamente seus acervos. Outros fatores de influência detectados pela pesquisa foram o tamanho da coleção e a participação do bibliotecário em reuniões pedagógicas, o que demonstra a valorização da biblioteca e sua efetiva inserção na vida da escola.

No Brasil, a influência da biblioteca nos resultados dos estudos escolares é pouco evidente. Nas avaliações conduzidas pelo Ministério da Educação (MEC) no âmbito do Sistema de Avaliação da Educação Básica (SAEB), realizadas junto aos estabelecimentos de ensino públicos e particulares dos 27 estados brasileiros, a biblioteca não é focalizada em profundidade, mas ainda assim aparece como um dos fatores que contribui para o bom desempenho dos alunos, desde que seu acervo apresente bom estado de conservação e que ela conte com equipamentos.

Os fatos acima mencionados, especialmente a pesquisa feita nos Estados Unidos, levantam pontos de reflexão para os educadores brasileiros, principalmente no momento em que vivemos, quando todo esforço feito pelas instituições escolares para melhorar a qualidade da educação é fundamental. Pois, momentos de crise e incertezas demandam projetos educacionais mais abrangentes. Todos os recursos precisam ser mobilizados para garantir que nossas crianças e jovens tenham acesso ao conhecimento que lhes vai permitir inserção social e realização como ser humano.

A biblioteca, instituição milenar que durante séculos garantiu a sobrevivência dos registros do conhecimento humano, tem agora seu potencial reconhecido como partícipe fundamental do complexo processo educacional. Pois pode contribuir efetivamente para preparar crianças e jovens para viver no mundo contemporâneo, em que informação e conhecimento assumem destaque central. A biblioteca faz realmente a diferença.

Referências

BRASIL. Ministério da Educação e do Desporto. *SAEB 2001*. Brasília: INEP. Disponível em: <http//www.inep.gov.br/saeb/default.htm> Acesso em: 12 abr. 2002.

HAMILTON-PENNEL, C. *et al*. Dick and Jane go to the head of the class. *School Library Journal*, v. 46, n. 4, p. 44-47, 2000.

SMALL, G. School libraries DO make a difference. *School Librarian*, v.46, n. 4, p. 174-175, 185, 1998.

Biblioteca e Parâmetros Curriculares Nacionais

Bernadete Campello
campello@eci.ufmg.br

A educação proposta nos Parâmetros Curriculares Nacionais (PCN) exige que a escola crie oportunidades para que crianças e jovens usem a linguagem em suas diferentes modalidades. Isso significa que a aprendizagem da língua deve ser feita com base na diversidade textual, proporcionando aos alunos uma prática constante e sistemática da leitura dos textos que circulam na sociedade. Os PCN reconhecem que a biblioteca é fundamental para o desenvolvimento de um programa de leitura eficiente, que forme leitores competentes e não leitores que leiam apenas esporadicamente. A biblioteca, ao reunir para uso coletivo e de forma orgânica uma diversificada gama de portadores de textos, representa recurso imprescindível para a formação de leitores capazes de, além de decifrar o código linguístico, saber interpretar o que leem, encontrando significados no texto e desenvolvendo práticas de intertextualidade.

Os PCN entendem que a biblioteca é um espaço apto a influenciar o gosto pela leitura. Recomendando que ela seja um local de fácil acesso aos livros e materiais disponíveis, o documento sugere que a escola estimule o desejo de se frequentar esse espaço, contribuindo, dessa forma, para desenvolver o apreço pelo ato de ler.

A outra face com que a biblioteca é apresentada nos PCN é a de lugar de aprendizagem permanente, um centro de documentação onde se encontrem informações que irão responder aos questionamentos levantados dentro das diversas áreas curriculares. Incentivando atividades mentais de problematização e envolvendo a desestabilização de alguns conhecimentos prévios dos alunos, que deverão conscientizar-se da insuficiência de determinados modelos para explicar um fenômeno, a biblioteca fornece, através de um acervo rico e bem formado, oportunidades para que os alunos reconstruam ou ampliem esses modelos.

Os PCN veem também a biblioteca como um estoque de conhecimentos, importante para que os alunos aprendam permanentemente e, nesse sentido, sua organização precisa ser entendida e os alunos devem estar cientes dos procedimentos normalmente utilizados no seu âmbito: empréstimo, organização dos materiais, seleção e uso de fontes diversas de informação.

Os PCN reconhecem a importância de se desenvolverem nos alunos atitudes de cidadania, como, por exemplo, aquelas que dizem respeito ao zelo para com o espaço coletivo e à preocupação com valores ligados aos cuidados com os livros e outros materiais. A biblioteca é um espaço excelente para essa prática e pode participar, de maneira efetiva, da formação de atitudes de respeito ao livro e demais materiais do acervo. Espera-se que, à medida que cresçam, as crianças tenham condições de generalizar o conceito de espaço público assimilando outros, mais amplos, como o de cidade, e mais abstratos, como os de instituições.

A questão da valorização e da preservação da cultura é um ponto levantado pelos PCN, que propõem a formação de um cidadão consciente da importância dos diversos acervos culturais (museus, galerias de arte, bibliotecas e arquivos) e da necessidade de frequentá-los. Aqui, também, a biblioteca escolar tem uma contribuição a dar, preparando o aluno desde cedo, não só para entender o significado da preservação e da valorização de espaços que reúnam o conhecimento produzido pela humanidade, mas também, especialmente, para saber usar esse conhecimento.

Os PCN descrevem, portanto, os diversos papéis que a biblioteca deverá representar como participante da formação de crianças e jovens, numa perspectiva construtivista e questionadora. Depende da escola proporcionar os recursos que irão concretizar essa visão de biblioteca que, certamente, tem importante contribuição a oferecer no esforço de formar o cidadão do século XXI.

Referências

BRASIL. Ministério da Educação e do Desporto. *Parâmetros Curriculares Nacionais (1. a 4. séries)*. Brasília: MEC/Secretaria de Educação Fundamental, 1997. 10 v.

CAMPELLO, Bernadete S.; SILVA, Mônica do Amparo. A biblioteca nos Parâmetros Curriculares Nacionais. *Presença Pedagógica*, Belo Horizonte, v. 6, n. 33, maio/jun. 2000, p. 59-67.

Escola, biblioteca e leitura

Maria da Conceição Carvalho
mccarv@eci.ufmg.br

$\mathbf{A}$ importância da leitura no processo educativo é inquestionável. Essa certeza une pais e professores na convicção de que ler é bom e que, portanto, a criança deve aprender a gostar de ler. Mas o que nem sempre está formulado como questão objetiva por estes mesmos pais e educadores é: que tipo de leitores a escola está formando hoje?

Sabe-se que, de um lado, a busca de métodos mais eficientes para ensinar a ler tem sido uma constante nas pesquisas educacionais, propiciando avanços significativos na prática da alfabetização, enquanto, paralelamente, a escola procura trabalhar as competências de leitura, esperando que a criança encontre significados no que lê. Além disso, a explosão do mercado editorial infantojuvenil faz chegar ao público jovem um sem-número de títulos novos a cada ano, ampliando, à primeira vista, as possibilidades de escolha do que ler.

Mas os esforços, tanto da escola quanto dos programas governamentais, de incentivo à leitura, não têm, de maneira geral, conseguido transformar a criança e o jovem que leem em leitores críticos. De acordo com Edmir Perrotti, professor da USP e um dos mais importantes especialistas em estudos sobre leitura no país, a questão da formação de leitores na escola abarca, basicamente, duas ordens de problemas, nem sempre trabalhados em profundidade: a primeira, questão de fundo, refere-se ao tratamento dado à infância que, via de regra, é considerada como mera consumidora do mundo criado pelo adulto; a segunda relaciona-se com o acesso ao livro e à leitura, e implica na existência de uma boa escola, bibliotecas funcionando de verdade, sob a direção de um bibliotecário habilitado, bons livros, acesso a boas fontes de informação. Nesse sentido, enxergar a criança como sujeito da cultura, capaz de criar e de reelaborar informações e experiências dentro do processo educativo promovido pela escola significa algo mais do que desenvolver habilidades de decifrar o código linguístico e garantir (ou obrigar?) o acesso ao livro e à informação.

O papel da biblioteca escolar nesse processo de formação do leitor crítico deve ser repensado. Um número significativo de pesquisas tem revelado o equívoco das políticas e das atividades de promoção de leitura que partem do princípio de que o importante é ler, não importa o quê; é colocar o livro na mão da criança a qualquer custo; é criar o "hábito" de leitura através de "técnicas" de animação, de jogos, de fichas de leitura... A criança pode até divertir-se por algum tempo com a leitura e os jogos em torno dela, mas, pensa Perrotti, sem um quadro de referências culturais compartilhadas, o ato de ler dificilmente significará alguma coisa essencial em sua vida. A biblioteca escolar pode, sim, ser o local onde se forma o leitor crítico, aquele que seguirá vida afora buscando ampliar suas experiências existenciais através da leitura. Mas, para tanto, deve ser pensada como um espaço de criação e de compartilhamento de experiências, um espaço de produção cultural em que crianças e jovens sejam criadoras e não apenas consumidoras de cultura. Três elementos estruturam esse novo conceito de biblioteca como lugar de formação de leitores: uma coleção de livros, e outros materiais, bem selecionada e atualizada; um ambiente físico concebido como espaço de comunicação e não apenas de informação, que leve em conta a corporalidade da leitura da criança e do adolescente, isto é, os seus modos de ler; e por último, mas não menos importante no processo de promoção da leitura, a figura do mediador.

O bibliotecário e o professor mediadores da leitura devem ser, eles próprios, leitores críticos capazes de distinguir, no momento da seleção e da indicação de livros, a boa literatura infantil e juvenil daquela "encomendada", com aparência moderna, engajada, mas totalmente circunstancial, cuja fórmula simplificada, abusivamente repetida, desprepara o leitor em formação para a aceitação de outros textos, mais complexos, no futuro. Além desse conhecimento propriamente teórico, o mediador deve estar preparado para o confronto sempre renovado com a criança e o jovem através da literatura, sem cobranças mecânicas de compreensão do texto lido e sem fórmulas rígidas de indicação por idade.

A escola que pretenda investir na leitura como ato verdadeiramente cultural não pode ignorar a importância de uma biblioteca aberta, interativa, espaço livre para a expressão genuína da criança e do jovem. Lugar, insistimos, para se gestar e praticar a troca espontânea que a leitura crítica proporciona, a leitura que inquieta, que faz pensar e reelaborar num autêntico processo de comunicação, cujo resultado é, sem dúvida, dos mais compensadores para as pessoas nele envolvidas, adultos e crianças, mediadores e leitores em formação.

Referência

PERROTTI, Edmir. *Confinamento cultural, infância e leitura*. São Paulo: Summus, 1993.

Pesquisa escolar

Vera Lúcia Furst Gonçalves Abreu
veralucia@eci.ufmg.br

Pesquisa escolar é tema contraditório. Existe uma concordância generalizada entre os educadores de que a pesquisa escolar é uma excelente estratégia de aprendizagem, pois permite maior participação do aluno nesse processo, o que o leva a construir seu próprio conhecimento. Aproxima o estudante da realidade e lhe permite trabalhar em grupo, ao mesmo tempo que individualiza o ensino. Mas, na realidade, a situação é bem diferente: ninguém está satisfeito com a pesquisa escolar.

Painel realizado na Escola de Ciência da Informação da Universidade Federal de Minas Gerais com professores e bibliotecários de escolas de Belo Horizonte revelou o descontentamento desses profissionais com os rumos que a pesquisa escolar tem tomado nas escolas, hoje em dia. Os professores reclamaram do fato de que os alunos simplesmente copiam trechos de enciclopédias. Os bibliotecários queixaram-se de que, por não conhecerem antecipadamente os temas das pesquisas solicitadas, não têm condições de preparar-se adequadamente para atender aos alunos que vão em busca de informação – geralmente é uma classe inteira procurando um único assunto. Constataram, ainda, que os alunos não sabem o que pesquisar, pois os professores não os orientam efetivamente e não estabelecem, com clareza, os objetivos do trabalho. Os bibliotecários observaram que os alunos se mostram confusos quando chegam à biblioteca, ficando evidente que eles não estão satisfeitos. Os pais também são vítimas desse processo, pois muitos fazem o trabalho escolar no lugar dos filhos, segundo os professores.

A internet, embora seja uma excelente fonte de informação para a pesquisa escolar, não modificou a situação: os alunos continuam copiando trechos dos textos que encontram na rede. Com os recursos tecnológicos de que agora dispõem, muitos copiam, recortam e colam a informação e outros chegam a copiar páginas inteiras e entregá-las ao professor, sem sequer as ler.

A pesquisadora americana Carol Kuhlthau, da School of Library and Information Studies, da Rutgers University, investigou detalhadamente a pesquisa escolar e destacou a complexidade desse processo. Salientou que as várias fases desse método de ensino são bem diferentes umas das outras e, portanto, exigem orientações e intervenções diversas. De acordo com Carol Kuhlthau, a pesquisa escolar como estratégia de aprendizagem baseada no questionamento, deve possibilitar ao aluno desenvolver habilidades de escolha de temas e de fontes de informação e de utilização de recursos que ajudem a clarear suas ideias, como por exemplo, esquemas, tabelas e gráficos. Os mediadores devem criar condições para que, ao longo do processo, o aluno fale sobre seu trabalho, utilizando o diálogo como forma de desenvolver ideias. A pesquisa deve constituir, também, uma oportunidade para o estudante aprender a trabalhar em grupo.

É preciso reconhecer que a pesquisa escolar é um processo complexo, que exige do aluno habilidades que precisam estar previamente desenvolvidas, para que ocorra em toda sua riqueza. O estudante deve ter familiaridade com a biblioteca, com a localização dos materiais ali reunidos e com os meios existentes para se recuperar informação: catálogos, Internet etc. Precisa saber escolher e consultar diferentes fontes de informação e, mais do que isso, precisa ser capaz de localizar e interpretar essa informação, usando mais de uma fonte, dominando técnicas para esquematizar, resumir e parafrasear.

Se o professor exige um trabalho escrito, o aluno tem que estar familiarizado com modos de organizar e apresentar a informação, tais como, estrutura do trabalho, citação, normalização das referências bibliográficas etc. Se for exigida uma apresentação oral, é necessário que ele esteja preparado para elaborar recursos audiovisuais e para falar em público. Dessa maneira ele desenvolve conhecimentos, habilidades e atitudes que vão além do tema do trabalho.

É fundamental que o aluno, o professor e o bibliotecário compreendam que a concretização efetiva da pesquisa escolar ocorre por etapas e não em um bloco único, e que a riqueza do processo se traduz na modificação da forma de pensar do estudante. Observa-se, portanto, que só serão alcançados os resultados positivos dessa estratégia de aprendizagem se a escola investir, sistemática e continuamente, em programas de desenvolvimento de habilidades informacionais, que deverão iniciar-se cedo na vida da criança. E o primeiro passo é criar atitudes positivas com relação ao uso da biblioteca e da informação. Só assim a pesquisa escolar terá sentido e a escola estará formando um aluno com perfil de pesquisador: criativo e autônomo na busca do conhecimento.

Referências

NEVES, Iara C. Bitencourt. *Pesquisa escolar nas séries iniciais do ensino fundamental: bases para um desempenho interativo entre sala de aula e biblioteca escolar*. 2000. Tese (Doutorado em Ciência da Informação e Documentação). Escola de Comunicações e Artes, Universidade de São Paulo, São Paulo.

KUHLTHAU, C. C. et al. *Como usar a biblioteca na escola:* um programa de atividades para o ensino fundamental. Belo Horizonte: Autêntica, 2002.

A coleção da biblioteca escolar

Vera Lúcia Furst Gonçalves Abreu
veralucia@eci.ufmg.br

A o longo de sua história, a sociedade tem lançado mão de certa variedade de suportes para registrar o conhecimento. Paredes de cavernas, tabletes de argila, tabuinhas de madeira, rolos de papiro e pergaminho foram alguns desses suportes que, durante séculos, permitiram conservar a memória do conhecimento humano.

A invenção da imprensa ocasionou a substituição desses materiais e proporcionou variedade de formatos em papel para a veiculação da informação: livros, revistas, jornais, mapas, folhetos etc. O avanço da tecnologia da informação trouxe diversificação ainda maior. Surgiram a fotografia, o filme, o microfilme, o videocassete, o CD-ROM, o DVD e a internet. Atualmente, observa-se uma convergência que, no espaço virtual, reúne recursos informacionais na forma de texto, imagem, som e movimento e permite não apenas a tradicional leitura linear mas a leitura hipertextual e interativa.

A biblioteca, essa instituição social tão antiga e tradicional, tem, atualmente, a tarefa de coletar e disponibilizar materiais informacionais em diversos formatos, que representem essa variedade e essa riqueza de informações produzidas pela sociedade. Dessa maneira, a coleção da biblioteca não é um conjunto de materiais reunidos aleatoriamente e sem nenhum propósito. Para constituir um recurso didático eficiente, o acervo da biblioteca tem que ser formado e desenvolvido com critério, levando-se em conta o projeto pedagógico da escola e o contexto em que esta se insere.

Se levarmos em conta os Parâmetros Curriculares Nacionais (PCN), a biblioteca será um espaço de diversidade textual. O ensino da língua portuguesa, proposto nesse documento, prevê o uso intensivo de textos que circulam socialmente, em seus suportes originais. Isso significa que crianças e jovens precisam experimentar contato direto com as fontes de informação que fazem parte do mundo letrado e ter oportunidade de compreender os usos da escrita em diferentes circunstâncias, observando suas várias funções e características. Portanto, uma variedade de textos, de gêneros e de suportes deve compor o acervo da biblioteca.

Os textos literários de qualidade são importantes por apresentar características estéticas peculiares, devendo, então, ocupar um lugar especial na coleção. A aprendizagem da língua oral, enfatizada nos PCN, vai exigir o oferecimento de materiais audiovisuais de diferentes categorias: entrevistas gravadas, debates, textos dramáticos, canções, notícias etc. Os quadros abaixo mostram os gêneros que podem ser utilizados nas atividades de linguagem de 1ª a 8ª séries, segundo os PCN.

GÊNEROS PRIVILEGIADOS PARA A PRÁTICA
DE ESCUTA E LEITURA DE TEXTOS

	Linguagem Oral	Linguagem Escrita
Literários	Cordel, "causos" e similares Texto Dramático Canção	Conto, Romance, Novela, Crônica, Poema e Texto Dramático
De Imprensa	Comentário radiofônico Entrevista, Debate e Palestra	Notícia, Editorial, Artigo, Reportagem, Carta ao leitor, Entrevista, Charge e Tira.
De Divulgação Científica	Exposição, Seminário Debate e Palestra	Verbete enciclopédico (nota/artigo), Relatório de experiências, Didático (textos, enunciados de questões) e Artigo
Publicidade	Propaganda	Propaganda

Fonte: Parâmetros Curriculares Nacionais 1ª a 4ª séries, p. 54.

GÊNEROS SUGERIDOS PARA A PRÁTICA
DE PRODUÇÃO DE TEXTOS ORAIS E ESCRITOS

	Linguagem Oral	Linguagem Escrita
Literários	Canção, Texto Dramático	Conto, Crônica, Poema
De Imprensa	Notícia, Entrevista, Debate e Depoimento	Notícia, Editorial, Artigo, Reportagem, Carta ao leitor, Entrevista, Charge e tira.
De Divulgação Científica	Exposição, Seminário e Debate	Relatório de experiências, Esquema de resumo de artigos ou verbete de enciclopédia

Fonte: Parâmetros Curriculares Nacionais 5ª a 8ª séries, p. 57

A perspectiva questionadora da pedagogia proposta nos PCN coloca a aprendizagem como uma construção do aluno e reforça o uso de informação para ampliar ou reconstruir os conhecimentos. Portanto, a coleção da biblioteca deve ser formada em função das propostas curriculares de cada área, oferecendo materiais de consulta os mais diversos: enciclopédias, atlas, jornais, revistas, dicionários, seja no formato impresso ou no eletrônico. A inclusão da Arte como área curricular vai demandar a incorporação de objetos específicos, dependendo da modalidade artística escolhida pela escola: livros sobre história da arte, reproduções artísticas, CDs de canções, *jingles* e trilhas sonoras, vídeos de danças folclóricas e populares. Nessa visão, a biblioteca será uma "midiateca" e, como tal, possibilitará, também, que se chegue a fontes externas. Assim, o acesso à internet é importante para garantir material aos trabalhos escolares e para permitir que os alunos aprendam a utilizar esse recurso informacional de forma crítica e responsável.

Embora as propostas curriculares nacionais devam influenciar o perfil da coleção, esta deve ser composta a partir das peculiaridades de cada escola e, assim, será representativa – terá a "cara da escola". A existência de uma boa coleção vai depender muito do trabalho conjunto de professores e bibliotecários na definição de um fio condutor, representado pela política de desenvolvimento de acervo, que cria e mantém sua coesão interna. Isso proporcionará o oferecimento de um acervo rico, variado e atraente, e afinado com a proposta pedagógica da escola.

Referências

BRASIL. Ministério da Educação e do Desporto. *Parâmetros Curriculares Nacionais (1. a 4. séries)*. Brasília: MEC/Secretaria de Educação Fundamental, 1997. 10 v.

CAMPELLO, B. S. *et al*. A coleção da biblioteca escolar na perspectiva dos Parâmetros Curriculares Nacionais. *Informação & Informação*, Londrina, v. 6, n. 2, p. 71-88, jul./dez. 2001.

Internet e pesquisa escolar

Maria da Conceição Carvalho
mccarv@eci.ufmg.br

A escola ainda não incorporou efetivamente a internet como instrumento de aprendizagem. Essa foi a conclusão geral de um estudo feito por pesquisadores do Grupo de Estudos sobre Biblioteca Escolar, da Escola de Ciência da Informação da UFMG. O estudo abrangeu 372 alunos de 1ª a 8ª séries, com idades entre 7 e 16 anos, de oito colégios da rede particular de Belo Horizonte-MG. O objetivo era verificar como os alunos usam a internet nas suas pesquisas escolares e os resultados mostraram que o uso da rede passa ao largo da escola: apenas 25% dos alunos a utilizam no ambiente escolar, sendo pequena, em consequência, a influência de professores e bibliotecários na indicação de *sites* como fonte de pesquisa. Os outros 75% acessam a internet em ambientes domésticos: em casa, na casa de amigos e de parentes, no escritório dos pais. Assim, quem influencia mesmo o jovem internauta na escolha dos *sites* mais visitados são os colegas, amigos e irmãos, numa troca informal. Revistas, jornais e televisão são também fontes frequentes para identificação de *sites* interessantes. Professores e bibliotecários foram citados em último lugar, deixando claro que esses profissionais não exercem uma influência significativa no que diz respeito ao que os alunos estão vendo na *web*.

Outro resultado que a pesquisa apresentou foi que os alunos têm bastante independência para usar a rede. Apenas 5,4% sempre pedem ajuda para usá-la. E aqui também, coerentemente com as respostas anteriores, a influência da escola é pequena: professores e bibliotecários quase não são lembrados no momento em que os alunos precisam de auxílio para resolver algum problema. Quem ajuda são os pais e outros familiares (no caso das crianças menores, de 7 a 11 anos) e os amigos (no caso das maiores, de 12 a 16 anos).

Ficou evidente que o uso da internet não modificou a antiga prática muito criticada por professores e educadores em geral: a cópia dos textos pesquisados. Uma porcentagem considerável dos internautas (cerca de 45%) declara proceder dessa maneira, e alguns chegam mesmo a entregar para o professor as informações que imprimem tais como aparecem na tela. Entre as crianças mais novas esse tipo de comportamento é mais comum; diminui um pouco entre os alunos mais velhos. Esses últimos se preocupam mais em ler e resumir as informações encontradas. Quase a metade deles afirma fazer isso, enquanto que entre os menores esse número cai para 23%. A internet não é a única fonte de informação para a maioria dos alunos. Eles consultam também livros que têm em casa e na biblioteca da escola, e em CD-ROMs, sendo poucos (cerca de 7%) os que consultam apenas a rede.

Os alunos têm uma visão muito positiva da internet. Manifestações de entusiasmo sobre a rede foram frequentes e os pontos positivos mencionados ultrapassaram os negativos. Eles gostam da quantidade de informações disponíveis e, também, da rapidez com que conseguem acessá-las e da facilidade para encontrá-las e manifestam, com comentários enfáticos, grande expectativa por uma disponibilidade maior do uso da internet na biblioteca da escola. Curiosamente, reclamam da lentidão no aparecimento das informações na tela e principalmente de *sites* que não têm nada a ver com o assunto que pesquisam, além de não estarem satisfeitos com a quantidade de *sites* em outras línguas.

Uma constatação importante mostrada pela pesquisa é que os alunos têm visão crítica da internet, não só em relação ao próprio conteúdo (53% verificam o conteúdo), à organização, ao custo, aos aspectos técnicos, embora poucos se preocupem em verificar certos dados relativos à composição do *site*, como autor, data ou número de visitantes. Ficou demonstrado também que os jovens têm um nível de percepção bem avançado com relação à rede em geral, comparando-a com outros meios de comunicação.

A pesquisa mostrou, ainda, que há concentração na consulta a determinados *sites, i*sto é, um número reduzido de *sites* é visitado frequentemente por muitos alunos, provavelmente como resultado da rede de influências entre colegas e amigos para indicação de *sites,* já comentada. Com relação à categoria dos *sites* mais visitados, observou-se grande número daqueles dedicados à música, à televisão, aos esportes, ao lazer e ao entretenimento, confirmando a hipótese de que os alunos usam a internet em suas dimensões de fonte de informação e de entretenimento. Os internautas utilizam maciçamente os chamados motores de busca. Desses, os mais usados são Cadê (indicado por 166 alunos) e UOL (148), seguidos do AltaVista (64), ZAZ (46), Zipmail (41) e Yahoo (33).

A sociedade atual, caracterizada pela abundância e, mesmo, pelo excesso de informações exige, de quem estuda e pesquisa, habilidades para definir quando a informação que encontrou é suficiente e, mais importante, para selecionar a informação relevante. E isso num ambiente de informações diversificadas, numerosas e muitas vezes inconsistentes e contraditórias. A internet representa de forma clara esse ambiente informacional e tem sido amplamente reconhecida como meio de estudo e entretenimento, principalmente para crianças e jovens. As escolas começam a percebê-la como um recurso de aprendizagem e implementam laboratórios que facilitam a seus alunos o acesso à rede. As bibliotecas, como tradicionais espaços de informação, também começam a visualizar a *web* como recurso informacional. A pesquisa demonstrou que são necessárias ações mais diretivas por parte dessas instituições educativas, para tornar a internet um real espaço de formação. O comportamento dos alunos que copiam informações da internet evidencia que passos preliminares precisam ser trilhados, isto é, a escola não pode descuidar do desenvolvimento de habilidades de ler, interpretar, resumir e parafrasear, que são a base para a aprendizagem significativa.

O fascínio que a rede desperta nas crianças e adolescentes precisa ser entendido pela escola e seu potencial como fonte de informação não pode ser desprezado pelos educadores. É preciso planejar urgentemente ações pedagógicas adequadas para o uso da rede, assumindo os bibliotecários o seu papel de mediadores entre o aluno e a informação. Transferindo para o universo virtual as competências desenvolvidas na sua prática com o mundo do impresso, o profissional bibliotecário estará numa posição privilegiada para exercer essa função de mediador nesse meio de comunicação, que veio para ficar.

Referência

CAMPELLO, Bernadete S. *et al*. A Internet na pesquisa escolar: um panorama do uso da web por alunos do ensino fundamental. In: CONGRESSO BRASILEIRO DE BIBLIOTECONOMIA E DOCUMENTAÇÃO, 19., 2000, Porto Alegre. *Anais...* Porto Alegre: Associação Riograndense de Bibliotecários, 2000. (CD-ROM).

A internet na biblioteca escolar

Márcia Milton Vianna
marciamilton@eci.ufmg.br

Setecentos milhões de libras (aproximadamente dois bilhões, oitocentos e trinta e cinco milhões de reais) é a quantia que o governo britânico está investindo, durante três anos – de 1999 a 2002 – em equipamentos destinados a ligar as escolas públicas à internet. Outros duzentos e trinta milhões de libras (cerca de novecentos e trinta milhões de reais) serão gastos para treinar professores e bibliotecários no uso da tecnologia de informação. Os gastos brasileiros são bem mais modestos. O Proinfo, programa que visa à introdução das novas tecnologias de informação e comunicação nas escolas públicas brasileiras, investiu, num período de três anos (1997-1999) cerca de 3% do total do investimento britânico. Entretanto, a ideia não é fazer comparações e sim mostrar como um país desenvolvido está lidando com a questão da tecnologia na educação de crianças e jovens.

No Reino Unido, os bibliotecários percebem com clareza o seu papel com relação à internet e vêm incorporando ao espaço tradicional da biblioteca a informação virtual disponibilizada pela rede. Entretanto, a internet não é como uma biblioteca convencional: é um espaço cibernético, onde as informações não são selecionadas, como ocorre nas bibliotecas. Consequentemente, a internet disponibiliza *sites* de qualidade e *sites* que não apresentam qualquer contribuição para a formação do aluno. Se as pessoas querem simplesmente acessar informação e navegar no ciberespaço, a rede é "um barato". Mas se querem encontrar informações que possam utilizar, numa forma e num nível de compreensão adequados, então a internet pode ser uma decepção. Portanto, para esse segundo grupo de pessoas haverá necessidade de algo mais do que um amontoado caótico de informações: serão necessárias informações selecionadas criteriosamente e profissionais preparados para ajudá-los a lidar com a nova situação.

Considerando-se a permanente preocupação da biblioteca com a adequação da informação a ser oferecida ao leitor, não é de se estranhar que uma das questões que mais vêm sendo discutidas pelos bibliotecários nos países desenvolvidos é a seleção na internet do material oferecido aos estudantes. A preocupação não se relaciona ao acesso a *sites* pornográficos; as próprias crianças e jovens sabem que não é desejável que visitem tais *sites*. Além disso, existem programas bloqueadores que podem ser usados para minimizar o problema. O cerne da questão está no caso de páginas que exibem informações falsas, preconceituosas, não confiáveis. Até hoje, os materiais de uso comum pelos estudantes nas escolas – livros didáticos, revistas, enciclopédias, vídeos e CD-ROMs e outras fontes tradicionais – têm sido avaliados criteriosamente. As informações da internet, ao contrário, raramente passam por um processo de editoração que possa garantir a qualidade do seu conteúdo. Veja, por exemplo, a diferença entre uma obra como a *Encyclopaedia Britannica*, que vem sendo publicada com o aval de numerosos especialistas desde 1771, e a informação disponibilizada numa página pessoal da internet, cujo mantenedor não tem compromisso com a correção das informações que exibe. O problema é que, de fato, as crianças e jovens não estão preparados para reconhecer quando uma informação é incorreta ou tendenciosa, como o estão para reconhecer pornografia, por exemplo.

Algumas alternativas podem ser apontadas para assegurar o acesso a informações confiáveis. Uma possibilidade seria o acesso supervisionado que, por razões óbvias, é pouco prático. Outra alternativa seria ensinar às crianças usar a rede de forma consciente, o que pode funcionar a longo prazo. A terceira alternativa recai sobre a criação de intranets nas escolas, o que não é uma coisa complicada do ponto de vista técnico, pois a maioria dos atuais *software* já conta com opção para criação de intranets. A intranet é uma rede interna que possibilita que os alunos tenham acesso a *sites* selecionados. O foco do problema se volta, então, para a seleção de tais *sites*, que pode ser feita da mesma forma como se selecionam materiais para a coleção da biblioteca. Por exemplo, se a escola conta com uma comissão de seleção, formada por professores e bibliotecários, encarregada de escolher os materiais para a biblioteca, essa comissão pode continuar a exercer sua função também com relação à internet. A tarefa mais árdua desse trabalho se relaciona à sua atualização: acréscimo e eliminação de *sites*, estabelecimento de novos *links*, enfim, manutenção da rede interna constantemente afinada com os programas escolares.

A seleção dos *sites* deve ser feita a partir dos critérios estabelecidos para a coleção em geral, levando-se em consideração as peculiaridades do meio eletrônico. Um exemplo de estabelecimento de critérios para seleção de *sites* é o projeto *Ensinando Geografia na web*[1] que, a partir de critérios de avaliação estabelecidos para livros da área, adaptou-os ao meio eletrônico, gerando a lista apresentada a seguir.

O trabalho, realizado com os *sites* da área de Geografia, pode ser estendido a outras áreas, consolidando-se critérios para seleção de informações relevantes e de qualidade para os alunos, de forma a que o uso da internet tenha um impacto positivo no processo de aprendizagem.

CRITÉRIOS PARA AVALIAÇÃO DE
SITES DE GEOGRAFIA NA INTERNET

Legenda: A (autoria), AT (aspectos técnicos), A1 (atualização), A2 (apresentação), C (conteúdo).

A autoria do *site* é claramente identificada? (A)

O responsável tem experiência na área de geografia? (A)

O site contém informações atualizadas? (A1)

Possui FAQ ou outro instrumento para tirar as dúvidas mais frequentes? (AT)

O *site* apresenta várias formas de navegação (Folheio, pesquisa ou filtros)? (AT)

A publicidade atrapalha a leitura do *site*? (A2)

As ilustrações do *site* têm autoria? (A2)

As cores utilizadas no mapa têm boa definição? (A2)

Os símbolos e as palavras utilizadas nos mapas têm seu significado explicado em uma legenda?(A2)

O *site* testa os conhecimentos adquiridos pelo usuário? (C)

O *site* tem validação das respostas dos usuários? (C)

---

[1] O Projeto foi desenvolvido com o apoio da Fapemig e sob a coordenação da Profa. Márcia Milton Vianna, no âmbito do Programa de Aperfeiçoamento Discente "Informação e aprendizagem: a ação pedagógica da biblioteca", em 1999.

O *site* faz distinção entre a geografia física e a geografia política na sua proposta educacional? (C)

As informações que o site dissemina têm embasamento teórico? (C)

O *site* utiliza algum vocabulário específico da área de geografia? (C)

O *site* problematiza questões com o intuito de desenvolver o senso crítico dos usuários? (C)

Os conceitos e conteúdos existentes no *site* são desenvolvidos a partir de algum contexto? (C)

A cartografia é simples? (C)

São explicitadas as convenções cartográficas utilizadas nos mapas? (C)

As escolas são indicadas adequadamente? (C)

O *site* cria situações que podem ser aplicadas ao cotidiano do aluno? (C)

Fonte: Ensinando Geografia na *web* (1999)

Referências

BRASIL. Ministério da Educação e do Desporto. *Programa Nacional de Informática na Educação*. Brasília: Secretaria de Educação a Distância. Disponível em: <http://www.proinfo.gov.br>. Acesso em: 04 out. 2001.

SMALL, G. The Internet and the school library. *School Librarian*, v. 47, n. 2, p. 62-63, 1999.

A organização da coleção

Márcia Milton Vianna
márciamilton@eci.ufmg.br

Algumas bibliotecas escolares, por motivos práticos, optam por utilizar formas bem simplificadas na organização de seus acervos, como, por exemplo, o uso de cores para agrupar os materiais. Se, por um lado, esse procedimento pode parecer extremamente prático, por outro pode impedir que os alunos conheçam formas consolidadas de organização de bibliotecas com as quais certamente vão se deparar mais tarde, em sua vida escolar. As consequências disso podem ser observadas no comportamento de alunos que chegam à universidade: muitos deles desconhecem o funcionamento de bibliotecas e dos instrumentos que elas costumam elaborar para possibilitar a recuperação da informação. Acontece que a organização da maioria das bibliotecas é baseada em instrumentos padronizados, o que faz com que muitas delas sejam semelhantes no mundo inteiro. Por não se terem familiarizado com tais instrumentos durante o período de educação básica, os alunos ficam inseguros quando precisam recorrer à biblioteca de sua faculdade para fazer pesquisas e elaborar trabalhos solicitados pelos professores.

É bom lembrar que a biblioteca é uma instituição milenar. Surgiu quando o homem percebeu a importância de cuidar de seu patrimônio intelectual, registrado, naquela época, em suportes frágeis e de difícil reprodução.

Com o surgimento de novos tipos de suportes, e à medida que um maior número de pessoas se interessavam pelo conhecimento, aumentava o número de registros, cuja organização tornou-se necessária. Na Antiguidade, as próprias paredes das bibliotecas eram utilizadas para listar os livros ali existentes, possibilitando sua identificação e posterior localização. Tais listas podem ser consideradas como os primeiros catálogos e marcaram o início do processo de organização bibliográfica até hoje existente. Em sua evolução, esse processo permitiu a padronização de procedimentos que fazem com que grande parte das bibliotecas, no mundo inteiro, tenha organização semelhante.

A preocupação do homem em ordenar o conhecimento levou-o a estabelecer várias formas de classificá-lo. Aristóteles (384-322 a.C.), por exemplo, dividiu as ciências em teóricas, práticas e poéticas. Outros filósofos, como Porfírio (234-305), Cassiodoro (468-575), Bacon (1561-1626) e Comte (1798-1857) estabeleceram divisões ou classificações para o conhecimento de sua época, utilizando bases diferentes. Tais classificações serviram como inspiração para as classificações bibliográficas que apareceram posteriormente.

Nas bibliotecas, a principal função das classificações é organizar o conhecimento registrado em livros e outros documentos, facilitando sua localização. A primeira classificação bibliográfica importante, de caráter universal, foi elaborada por Melvin Dewey (1851-1931) e publicada em 1876. Tinha como base a classificação filosófica de Bacon. Atualmente em sua 21ª edição, a Classificação Decimal de Dewey (CDD) é utilizada em bibliotecas de vários países, tendo sido traduzida para diversos idiomas. A CDD divide o conhecimento humano em dez classes principais (de 000 a 999) que se subdividem em classes secundárias que, por sua vez, vão se subdividindo em outras dez classes, sucessivamente, formando um sistema decimal que permite que se especifique, com maior ou menor detalhamento, os assuntos dos documentos de uma biblioteca, conforme mostrado no exemplo abaixo.

500	Ciências naturais e matemática
570	Biologia e ciências da vida
577	Ecologia
577.1	Processos de ecossistemas específicos
577.14	Química ambiental
577. 144	Ciclo carbônico

Paralelamente à classificação dos documentos, que possibilitou organizá-los por assunto nas estantes, foi preciso definir padrões para representá-los, isto é, para descrever cada um dos documentos da biblioteca. Para tanto, foram criados conjuntos de regras, os códigos de catalogação, que permitem a descrição precisa de todos os tipos de documentos, de forma que cada um dos que fazem parte do acervo de uma biblioteca possa ser identificado individualmente e, consequentemente, seja recuperado com precisão.

Os sistemas de classificação, os códigos de catalogação e, mais recentemente, os formatos de intercâmbio bibliográfico (padrões que possibilitam o intercâmbio de dados catalográficos por computador) constituem os instrumentos básicos que bibliotecários do mundo inteiro costumam utilizar para organizar os acervos das bibliotecas, sejam elas compostas de milhões de volumes, como, por exemplo, a Library of Congress, dos Estados Unidos, sejam elas bibliotecas escolares com uma pequena coleção.

Durante muito tempo essas técnicas têm sido utilizadas, permitindo uma coerência bibliográfica que faz com que um leitor que tenha frequentado uma biblioteca cujo acervo seja classificado e catalogado com base nessas técnicas tenha familiaridade com qualquer outra assim organizada. Portanto, é importante que mesmo as pequenas bibliotecas escolares utilizem em sua organização esses instrumentos bibliográficos. Desse modo, estarão possibilitando ao aluno familiaridade com uma organização padronizada que ele irá encontrar em bibliotecas que frequentará durante sua vida. Isso lhe permitirá, por exemplo, utilizar com desembaraço bibliotecas universitárias e especializadas. Se a biblioteca de sua escola for organizada de acordo com um sistema que seja utilizado pela maioria das bibliotecas, a criança terá mais segurança e estímulo para explorar os acervos de outras bibliotecas.

Os sistemas de classificação e os códigos de catalogação, portanto, devem ser utilizados na organização de bibliotecas escolares. Algumas adaptações poderão ser necessárias, por exemplo, no caso da coleção infantil que, por suas características peculiares, deverá estar separada do restante do acervo. Mas, tão logo a criança entre na fase de leitura permanente e de busca de informação para seus trabalhos escolares, ela terá condições de entender a organização dos materiais na biblioteca, a qual, se frequentada sistemática e constantemente, levará o estudante a assimilar de forma natural os procedimentos necessários para explorar os materiais e as informações nela contida.

Referência

FOSKETT, A. C. *A abordagem temática da informação*. São Paulo: Polígono, 1973.

O espaço físico da biblioteca

Paulo da Terra Caldeira
terra@eci.ufmg.br

Fileiras de estantes cheias de livros, revistas em mostruários, mesas e cadeiras espalhadas e repletas de pessoas lendo e estudando, crianças debruçadas sobre volumes de enciclopédias, fazendo suas pesquisas. Essa é, e ainda continuará a ser por um bom tempo, a face visível de uma biblioteca. Mas a ampla disseminação da informação eletrônica, tornada possível através das redes de computadores, irá, provavelmente, mudar a face da biblioteca tradicional: ela terá uma face virtual, em que a informação será acessada pelos leitores a partir de seus computadores, independentemente de sua localização. Entretanto, é certo que muitas pessoas vão querer continuar a ler da maneira tradicional: debruçando-se sobre um volume impresso em papel. E, assim, as bibliotecas continuarão a existir na sua forma já conhecida. Portanto, as organizações que as mantêm terão de se preocupar com o espaço físico que elas irão ocupar.

Esse espaço reflete de maneira muito clara o papel que é destinado à biblioteca pela instituição que a mantém. Se desempenhar uma função educativa preponderante na escola, por exemplo, visando a proporcionar aos alunos oportunidades de leitura intensa e autônoma, além de incentivar a busca de informações para responder a questionamentos e solucionar problemas, então a biblioteca será um espaço amplo, com instalações confortáveis.

A preocupação em oferecer ambiente acolhedor, de forma a reforçar o prazer de ler, levou à criação, nas bibliotecas, de espaços aconchegantes, visando especialmente a atrair crianças menores que se encontram na idade de descobrir o gosto pelas histórias contadas ou lidas pelos adultos. Tapetes, almofadas, móveis coloridos, decoração alegre formam ambientes descontraídos que, cercados de muitos livros bem selecionados, de fácil acesso e expostos de forma atraente, sem dúvida contribuem para despertar e manter um comportamento positivo da criança com relação à leitura.

O planejamento do espaço da biblioteca deve ser feito em função do acervo e do uso que se pretende dele fazer. Além de salas para abrigar o acervo geral, a coleção de referência e a de periódicos, devem ser previstas salas para estudo individual e de grupos, locais específicos para uso de equipamentos (computadores, gravadores, videocassetes), lugar separado para a coleção infantil para atividades com crianças menores, além de sala de projeções. Tal espaço facilitará o planejamento e o desenvolvimento do programa da biblioteca. Se esse ideal não foi possível, será necessário planejar criteriosamente as atividades na biblioteca, otimizando-se o uso dos locais disponíveis.

Como espaço coletivo, onde os recursos serão compartilhados pela comunidade escolar, a biblioteca oferece excelentes oportunidades para o exercício da cidadania e para a prática do zelo pelo patrimônio comum, representado pelos materiais da coleção e equipamentos. Dessa forma, a biblioteca amplia sua influência pedagógica, participando efetivamente da formação de uma pessoa integral, eliminando seu estigma de espaço para castigo de alunos ou de depósito de materiais. Uma biblioteca que conte com um programa de atividades bem planejado e integrado aos projetos curriculares da escola será um espaço belo e alegre.

Referência

ORGANIZAÇÃO e serviços da biblioteca. Belo Horizonte: Secretaria de Estado da Educação de Minas Gerais/ Diretoria de Desenvolvimento Curricular, 1995.

Biblioteca escolar e acervo de classe

Paulo da Terra Caldeira
terra@eci.ufmg.br

P esquisas têm mostrado, sistematicamente, a influência que a proximidade do texto com o leitor exerce, para incrementar o gosto pela leitura. Sabe-se, também, que um programa de leitura na escola deve estimular o uso frequente, constante e sistemático de materiais apropriados. Assim, a prática de se manterem livros na sala de aula, formando o acervo de classe, é utilizada em muitas escolas que acreditam que a proximidade do texto constitui um incentivo ao aluno para que leia.

O acervo de classe é um recurso de aprendizagem muito utilizado por professores de língua portuguesa no desenvolvimento de atividades variadas de ensino da língua escrita e oral. O governo tem reconhecido a importância desse recurso e alguns estados e municípios têm criado programas para dotar cada sala de aula de suas escolas com um acervo de classe. É o caso do governo de Minas Gerais que, através de sua Secretaria de Estado da Educação, criou o programa Cantinho de Leitura, com a finalidade de formar acervos de classe nas escolas mineiras.

É inquestionável a utilidade e a importância desse acervo de classe para desenvolver o gosto pela leitura.

O que não pode ocorrer, entretanto, é a simples substituição da biblioteca por esse tipo de acervo. Os dois têm objetivos diversos e atendem a necessidades de aprendizagem diferentes.

Uma biblioteca escolar, como outra de qualquer tipo, pressupõe a organização e a sistematização de um conjunto de documentos selecionados criteriosamente, com vistas a atender à proposta pedagógica da instituição que a mantém. Ela é, portanto, o espaço ideal para reunir a diversidade textual que existe fora da escola e que deve estar a serviço da expansão do conhecimento letrado do aluno. A biblioteca tem acompanhado o desenrolar do conhecimento humano desde a Antiguidade, conservando e disseminando as ideias contidas nos livros e em outros materiais. A forma dos registros muda (de tabletes de argila para redes eletrônicas de informação) mas a biblioteca continua a ser um espaço coletivo, onde os registros são reunidos para serem compartilhados por todos os membros de uma comunidade. Assim, ela é o lugar que vai possibilitar aos alunos familiarizar-se com a riqueza informacional hoje produzida pela sociedade e, consequentemente, com todo o mundo letrado.

A biblioteca não se confunde, portanto, com o acervo de classe. Esse tem uma finalidade específica e deve continuar existindo, isto é, os livros devem estar sempre perto dos alunos a fim de se cumprir o objetivo de facilitar a aprendizagem da língua. O acervo de classe deve ser bem selecionado e variado e, nesse sentido, a biblioteca deve ser chamada a contribuir para manter o dinamismo que é inerente à coleção de materiais que vão dar suporte a atividades de aprendizagem ricas e diversificadas.

A percepção clara que os dirigentes da instituição escolar tenham das diferentes finalidades dos dois recursos – biblioteca e acervo de classe – pode viabilizar a existência efetiva de ambos para o aprimoramento do processo de aprendizagem.

Referências

CAMPELLO, B. S.; SILVA, M. A. A biblioteca nos Parâmetros Curriculares Nacionais. *Presença Pedagógica*, v. 6, n. 33, p. 59-67, 2000.

MINAS GERAIS. Secretaria de Estado de Educação. *Cantinho de Leitura*. Belo Horizonte, [s.d.] mimeografado.

Biblioteca e educação infantil

Maria Eugênia Albino Andrade
eugeniaandrade@eci.ufmg.br

Livros de pano e de plástico, livros-brinquedo, livros de imagens. Esses são produtos colocados no mercado pela indústria editorial, que parece apostar na necessidade de se oferecer às crianças, mesmo antes que saibam ler, oportunidade de contato com o livro. Embora claramente voltada para o aspecto mercadológico, a estratégia dos editores combina com as práticas pedagógicas atuais que tendem a considerar importante essa interação precoce com a linguagem escrita e com os objetos do mundo letrado.

Mas a questão que se coloca é a seguinte: as crianças pequenas, na fase de educação infantil, podem tirar proveito de uma biblioteca, ou seja, vale a pena investir em um programa de biblioteca (espaço próprio e atividades planejadas) para crianças nessa faixa etária? A resposta a essa questão pode ser encontrada no Referencial Curricular Nacional para a Educação Infantil, elaborado pela Secretaria de Educação Fundamental do MEC. O conjunto de orientações contido nesse documento constitui diretrizes importantes para educadores que trabalham com crianças de zero a seis anos. Incorporando modernas teorias pedagógicas, o documento aponta formas de construção da identidade e da autonomia das crianças pequenas, de sua aproximação com as diferentes linguagens, propiciando suas relações com os objetos do conhecimento.

A educação infantil é considerada a primeira etapa da educação básica e sua expansão ocorreu nas últimas décadas devido a fatores tais como, intensificação da urbanização, participação da mulher no mercado de trabalho e mudanças na organização e estrutura das famílias. Assim, a partir da demanda por uma educação institucional para crianças de zero a seis anos, a Constituição Federal de 1988 incorporou a educação infantil como um dever do Estado e como um direito da criança, o que foi seguido pelo Estatuto da Criança e do Adolescente, que também destaca esse direito. A Lei de Diretrizes e Bases da Educação Nacional estabelece de forma incisiva o vínculo entre o atendimento às crianças de zero a seis anos e a educação. Assim, tanto as creches que atendem crianças de zero a três anos quanto as pré-escolas, com atendimento a crianças de quatro a seis anos, são consideradas instituições de educação infantil.

O brincar é a forma particular de expressão da criança, especialmente nessa faixa etária e o documento do MEC reconhece e enfatiza esse aspecto. Outro princípio orientador citado no Referencial é a necessidade de se criarem oportunidades para o acesso das crianças aos bens socioculturais, ampliando o desenvolvimento de suas capacidades estéticas, de pensamento, de expressão, de comunicação e de interação social, além de atitudes éticas.

O Referencial estrutura-se em duas partes principais. Na primeira – Formação Pessoal e Social – estão contidas as orientações que visam a construir a identidade e a autonomia das crianças. Nesse sentido, são tratados temas tais como, processos de fusão e diferenciação, a construção de vínculos, a imitação, o brincar, a linguagem, a apropriação da imagem corporal. A segunda parte – Conhecimento de Mundo – propõe uma série de conteúdos orientados para a construção das diferentes linguagens e para as relações com os objetos do conhecimento. Os eixos de trabalho propostos são: Movimento, Música, Artes Visuais, Linguagem Oral e Escrita, Natureza e Sociedade, e Matemática. É importante lembrar que a construção de conhecimento se processa de maneira global, devendo haver estreita inter-relação entre os diferentes eixos sugeridos.

A aprendizagem das competências linguísticas básicas (falar, escutar, ler e escrever) é feita com base no texto. É fundamental que seja dada à criança oportunidade de ter contato com a diversidade textual e a de gêneros, devendo os textos ser apresentados nos seus portadores originais. Isso permitirá que, desde o início de sua escolarização, a criança perceba a utilização que se faz da escrita em diferentes circunstâncias, observando as condições nas quais é produzida, suas várias funções e características. Os textos literários têm um lugar especial, embora não exclusivo, nas atividades com a linguagem. A leitura e a escuta de histórias permeiam todo o período de escolarização, desde os primeiros anos, mesmo antes de a criança dominar o código linguístico, quando se busca construir uma atitude de curiosidade pelo livro e de prazer pela leitura. Isso se consegue com a utilização de textos bem selecionados, criativos, ricos e com ilustrações de qualidade. A familiaridade com a diversidade de gêneros é muito enfatizada, devendo-se levar as crianças a conhecerem a diversidade dentro de um mesmo gênero, por exemplo, trabalhando-se com o conjunto da obra de determinado autor ou com as várias versões de um mesmo conto ou lenda.

Outros materiais recomendados para atividades de linguagem são: jornais, revistas, enciclopédias, dicionários, almanaques, palavras cruzadas, livros de receitas culinárias, contos, mitos, lendas, "causos" populares, fábulas, relatos históricos, além de uma variedade de artefatos gráficos tais como textos de embalagens, rótulos, anúncios, slogans, cartazes, folhetos, cartas, bilhetes, cartões, convites etc.

O eixo de trabalho denominado Natureza e Sociedade integra um conjunto de temas pertinentes aos mundos social e natural, conforme mostrado no quadro abaixo.

BLOCOS DE CONTEÚDO DO EIXO
TEMÁTICO NATUREZA E SOCIEDADE

Seres vivos
Fenômenos da natureza
Objetos e processos de transformação
Organização dos grupos e seu modo de ser, viver e trabalhar
Os lugares e suas paisagens

As atividades dos blocos "Seres vivos", "Fenômenos da natureza" e "Objetos e processos de transformação" podem ser trabalhadas por meio da observação direta (cultivo de plantas, observação de pequenos animais e de fenômenos como chuva, seca, arco-íris etc.) ou de forma indireta, através de materiais audiovisuais (fotografias e filmes). As crianças serão levadas a perceber as lacunas em seus conhecimentos e a preenchê-las por meio de diversas fontes de informação. Será necessária uma variedade de materiais na forma de textos, mapas, filmes, depoimentos de pessoas, além das tradicionais enciclopédias e livros.

O bloco de conteúdo "Organização dos grupos e seu modo de ser, viver e trabalhar" procura levar a criança a estabelecer novas formas de relação com a diversidade de costumes e de expressões culturais. Ao lado das fontes de informação bibliográficas (livros, enciclopédias, revistas e jornais), a imagem assume importância fundamental, na medida em que possibilita a observação de detalhes com mais concretude. Assim, os recursos audiovisuais, tais como slides, programas de TV, filmes, vídeos, desenhos e fotografias, irão permitir análises sobre como viveram pessoas de outras épocas e de outros grupos sociais.

A aprendizagem de temas geográficos, representados pelo bloco "Os lugares e suas paisagens", vai basear-se em diversos materiais como fotografias, cartões postais, textos informativos e literários, músicas, documentários e filmes que façam referência a paisagens variadas. Devem ainda ser utilizados mapas, globos, plantas de cidades que permitam criar familiaridade com as características da linguagem da cartografia.

Noções matemáticas podem ser ensinadas desde cedo, com atividades que envolvem contagem oral, noções de quantidade, de tempo e de espaço e possibilidades associativas de objetos, desenvolvidas através de jogos e brincadeiras com crianças na faixa etária de zero a três anos. Dos quatro aos seis anos, o conteúdo dessa área se organiza em três blocos: "Números e sistema de numeração", "Grandezas e medidas" e "Espaço e forma". Isso demanda uma variedade de jogos: dominós, baralhos, jogos com pistas, jogos espaciais e outros que apoiem a aprendizagem da matemática.

A Arte se faz presente nos conteúdos de música, artes visuais e movimento (dança). Consideradas como importantes formas de expressão e comunicação humanas, as artes criam um espaço prazeroso para a criança expressar sua sensibilidade. Baseada na articulação de três aspectos (o fazer artístico, a apreciação da obra de arte e a reflexão sobre os dois primeiros) a aprendizagem de artes não visa formar artistas, mas crianças sensíveis e conhecedoras da linguagem da arte. Nesse sentido, serão necessários os livros de arte, reproduções, revistas especializadas, CDs de canções e músicas diversas, vídeos de danças folclóricas e populares.

Assim, pode-se observar que os conteúdos propostos pelo Referencial Curricular para a Educação Infantil demandam materiais que poderão ser organizados num espaço coletivo denominado biblioteca. Esta pode constituir não apenas local para compartilhamento dos recursos, mas, também, espaço de ação pedagógica, ao propiciar oportunidades de desenvolvimento da autonomia, quando a criança, por exemplo, escolhe o quer ler, escreve seu nome na ficha de empréstimo e toma conhecimento da organização e do funcionamento de um espaço que ela vai utilizar ao longo de sua vida escolar.

Concluindo, pode-se dizer que as crianças na fase da educação infantil poderão, sem dúvida, beneficiar-se da biblioteca. As instituições que recebem crianças exclusivamente nessa faixa etária devem esforçar-se para criar sua biblioteca, e aquelas que atendem faixas variadas e que já contam com esse espaço devem planejar programas específicos de biblioteca adequados a crianças pequenas. O contato precoce com esse recurso de aprendizagem vai certamente constituir vantagem para os alunos que dele se beneficiarem.

Referência

BRASIL. Ministério da Educação e do Desporto. *Referencial Curricular Nacional para a Educação Infantil*. Brasília: Secretaria de Educação Fundamental, 1998. 3 v.

Os autores

BERNADETE CAMPELLO

É mestre em Biblioteconomia e professora da Escola de Ciência da Informação da UFMG. Seus interesses de pesquisa estão voltados para biblioteca escolar e fontes de informação. É autora dos livros *Introdução ao controle bibliográfico e fontes de informação para pesquisadores e profissionais* e organizadora de *Recursos informacionais para o ensino fundamental* e *Formas e expressões do conhecimento*.

E-mail: *campello@eci.ufmg.br*

MÁRCIA MILTON VIANNA

É mestre em Biblioteconomia e professora da Escola de Ciência da Informação da UFMG. Suas áreas de atuação são tratamento da informação e biblioteca escolar, nas quais desenvolve atividades de pesquisa e ensino.

E-mail: *marciamilton@eci.ufmg.br*

MARIA DA CONCEIÇÃO CARVALHO

É mestre em Ciência da Informação, professora da Escola de Ciência da Informação da UFMG e doutoranda em Estudos Literários, na FALE/UFMG. No âmbito do ensino e da pesquisa seus interesses estão voltado para as áreas de bibliotecas escolares, história da leitura e editoração de livros infantis.

E-mail: *mccarv@eci.ufmg.br*

MARIA EUGÊNIA ALBINO ANDRADE

É doutora em Ciência da Informação e professora da Escola de Ciência da Informação da UFMG. No âmbito do ensino e da pesquisa, seus interesses estão voltados para as áreas de biblioteca escolar e desenvolvimento de acervos.

E-mail: *eugeniaandrade@eci.ufmg.br*

PAULO DA TERRA CALDEIRA

É mestre em Biblioteconomia e professor da Escola de Ciência da Informação da UFMG. Seus interesses de pesquisa são biblioteca escolar e fontes de informação. Publicou entre outras: *Guia das bibliotecas do Estado de Minas Gerais* (1978), *Recursos informacionais para o ensino fundamental* e *Formas e expressões do conhecimento: introdução às fontes de informação*.

E-mail: *terra@eci.ufmg.br*

VERA LÚCIA FURST GONÇALVES ABREU

É especialista em Biblioteconomia e professora da Escola de Ciência da Informação da UFMG. Foi diretora da mesma escola de 1994-1998 e atualmente é coordenadora do Colegiado do Curso de Graduação. Seus interesses de pesquisa estão nas áreas de biblioteca escolar, desenvolvimento de coleções e ensino de biblioteconomia.

E-mail: *veralucia@eci.ufmg.br*

Este livro foi composto com tipografia Palatino e impresso
em papel Off Set 75 g na Formato Artes Gráficas